Juan Carlos I:
De héroe a villano

COLECCIÓN
LEGADOS

En *Legados*, cada libro es un viaje íntimo al corazón de una existencia. Biografías reveladoras, memorias conmovedoras, diarios y autobiografías luminosas componen esta colección dedicada a quienes transformaron su tiempo y dejaron una marca indeleble en la historia, el arte, la ciencia o la vida cotidiana.

Aquí se reúnen las voces de quienes vivieron intensamente, pensaron con hondura, sintieron con verdad. Desde grandes personajes públicos hasta figuras anónimas con historias memorables, *Legados* celebra el poder de la experiencia humana cuando se convierte en palabra escrita.

Una colección para los que creen que cada vida bien contada es una lección de coraje, una chispa de inspiración y una forma de eternidad. Porque toda existencia humana merece ser contada. Y recordada.

PILAR MORENO

Juan Carlos I:
De héroe a villano

ALCARAZ
EDICIONES

© Alcaraz Ediciones, 2025
© Pilar Moreno,2025
© Mare Nostrum, 44
46420 – El Perelló
Sueca, Valencia
Teléf.: (+34) 910 46 54 33
e-mail: info@ alcarazediciones.es
https://alcarazediciones.es

I.S.B.N.: 979-13-87586-48-5

Diseño y maquetación: Iván García Molinero
Printed in Spain / Impreso en España

ÍNDICE

PRÓLOGO

La caída del rey en tiempos de transparencia

Durante décadas, su figura fue sinónimo de unidad, reconciliación y modernidad. Juan Carlos I fue presentado como el monarca que trajo la democracia, el jefe de Estado que desactivó un golpe de Estado con solo una llamada y el símbolo viviente de la nueva España que emergía de las sombras del franquismo. Pero hoy, en pleno siglo XXI, la imagen de aquel rey que unificó se ha convertido en la de un hombre exiliado, salpicado por escándalos financieros, investigado por la justicia y abandonado por parte de la opinión pública que, durante años, lo veneró casi sin fisuras.

Durante mucho tiempo, hablar mal del rey era, sencillamente, hablar de más. La monarquía, y en particular la figura de Juan Carlos I, gozó de un blindaje mediático sin precedentes. Lo expresó con claridad el periodista Jesús Hermida en una entrevista a TVE en 2012: "Usted es una figura sagrada para este país". En efecto, la persona del monarca no solo fue protegida desde las instituciones del Estado, sino también desde las redacciones. Como recordó el exdirector de *El País*, Juan Luis Cebrián: "Durante la Transición, había asuntos que simplemente no se tocaban".

Las aventuras sentimentales, las amistades incómodas, los negocios privados con regímenes autoritarios, todo era silenciado o edulcorado. Como declaró Pedro J. Ramírez, entonces director de *El Mundo:* "muchos sabíamos lo que ocurría, pero nadie se atrevía a escribirlo en serio". Fue necesaria una tormenta perfecta: crisis económica, emergencia del periodismo digital, cambio generacional en los medios y la irrupción de figuras como Corinna Larsen para que la veda finalmente se levantara.

A partir de 2010, comenzaron a aparecer investigaciones, libros y reportajes que exponían lo que durante años había permanecido oculto. Las cuentas en Suiza, las comisiones millonarias del AVE a La Meca, los cotos de caza y los viajes secretos, todo salió a la luz. En palabras de Iñaki Gabilondo: "El tiempo de la reverencia dio paso al tiempo del escrutinio".

Sin embargo, no se puede entender la figura de Juan Carlos I sin analizar el entorno que la protegió. Durante más de 40 años, el monarca fue objeto de un consenso editorial prácticamente unánime. Se convirtió en el "rey de todos" porque los grandes grupos de comunicación —Vocento, Prisa, Mediaset, RTVE— así lo proclamaron, incluso cuando la realidad comenzaba a resquebrajar esa narrativa.

El llamado "juancarlismo" no fue solo una estrategia de legitimación política: fue una construcción mediática sistemática. Libros hagiográficos como *Juan Carlos I. El Rey de un pueblo* (Paul Preston, 2003) o *El hombre que pudo reinar* (José García Abad, 1998) alimentaron una imagen amable, campechana y patriótica, en la que el monarca se convertía en el garante del pacto social que sustentaba la democracia.

Pero ese relato empezó a colapsar. Las nuevas generaciones, que no vivieron el 23-F ni la Transición, comenzaron a cuestionar una monarquía que parecía vivir ajena a las normas que rigen al resto de ciudadanos. El 14 de abril de 2020, *The Telegraph* titulaba: "Ex King of Spain is being investigated for corruption". La noticia fue replicada en todo el mundo. Por primera vez, Juan Carlos I aparecía en las portadas internacionales no como estadista, sino como sospechoso.

La historia de Juan Carlos I no es solo la historia de un individuo. Es también el espejo de una España que apostó por el olvido como método de reconciliación, que construyó su democracia sobre silencios compartidos y que, durante años, confundió respeto institucional con impunidad.

La caída del rey —pública, política y simbólica— es también la caída de una forma de entender el poder. "Nunca pensé que me pasaría esto", dijo el propio Juan Carlos en una conversación con amigos, según reveló *El Español*. No lo pensó porque durante años se le hizo creer que estaba por encima del bien y del mal. Y porque lo estuvo.

Este libro no es un ajuste de cuentas, sino un ajuste de perspectiva. La figura de Juan Carlos I exige ser revisada con la mirada limpia de los nuevos tiempos. Su legado tiene luces innegables: ayudó a consolidar una monarquía parlamentaria, representó con eficacia a España en el exterior y supo apartarse cuando el desgaste amenazaba a la institución. Pero también tiene sombras profundas que durante décadas fueron ignoradas o negadas. En un país que exige transparencia y rendición de cuentas, el mito ha cedido paso al juicio. Y quizá no haya mayor símbolo de madurez democrática que el hecho de que podamos mirar al pasado —y al rey— sin miedo ni reverencia.

PRIMERA PARTE – EL HEREDERO
DE LA DICTADURA

1. Roma, 1938: nacer sin patria

Juan Carlos Alfonso Víctor María de Borbón y Borbón-Dos Sicilias nació el 5 de enero de 1938, en la clínica de la Merced de Roma, mientras Europa se asomaba al abismo de la Segunda Guerra Mundial. La Segunda República Española había obligado a Alfonso XIII a abandonar el país en 1931 y la familia real vivía desde entonces disgregada y sin trono. Su padre, don Juan de Borbón y Battenberg, tercero de los hijos varones de Alfonso XIII, fue proclamado heredero legítimo por los monárquicos tras la renuncia forzada de sus hermanos mayores.

Nacido en el exilio, Juan Carlos llegó al mundo como Borbón sin corona. "Mi hijo no hereda un trono, sino una causa", afirmaba don Juan con frecuencia, en tono más melancólico que altivo. La España de su infancia era una nación inalcanzable, gobernada por una guerra fratricida y después, por el hierro del franquismo. En aquel contexto, los Borbones eran huéspedes tolerados por la Italia de Benito Mussolini, cuyo régimen mostraba simpatía por las aspiraciones monárquicas, siempre que no entorpecieran su propia agenda imperial. Alfonso XIII, ya anciano, vivía también en Roma. Moriría allí en 1941, sin recuperar jamás el trono que había perdido. A su nieto Juan Carlos no le faltaron símbolos ni nombres reales —fue bautizado con trece—, pero carecía de lo esencial: patria.

En palabras del historiador Paul Preston, "Juan Carlos I fue un rey criado en la orfandad de un reino". La familia no disponía de grandes recursos económicos y dependía en gran parte de los vínculos con otras casas reales europeas, en especial la británica, por vía de la abuela paterna, Victoria Eugenia de Battenberg.

La formación de Juan Carlos fue meticulosamente planificada, aunque condicionada por su estatus incierto. En 1942, cuando apenas tenía cuatro años, fue enviado a Lausana, Suiza, donde residía la reina Victoria Eugenia. A partir de 1946, la familia se trasladó a Estoril, Portugal, país neutral y monárquico, que ofrecía mayor seguridad y cercanía a España.

Allí, el joven príncipe creció bajo una estricta formación católica y tradicional. Fue alumno del Colegio Salesiano de Estoril, donde recibió una educación muy marcada por la religión, el deber y la fidelidad a la causa monárquica. Su formación incluyó latín, historia de España, literatura, geografía, y deportes como la esgrima o la equitación.

En 1948, a instancias de Francisco Franco, Juan Carlos se trasladó a España. El acuerdo entre el dictador y don Juan fue polémico y doloroso para este último, que veía cómo su hijo era arrebatado de su control directo. Como explicaría años después Gregorio Marañón: "Don Juan aceptó sacrificar su paternidad en nombre de una esperanza remota".

A partir de entonces, el joven Borbón fue educado bajo la vigilancia del régimen franquista, primero en el internado de San Sebastián y luego en los tres ejércitos. Entre 1955 y 1959 se formó sucesivamente en la Academia Militar de Zaragoza, la Escuela Naval de Marín (Pontevedra) y la Academia General del Aire de San Javier (Murcia). A los 21 años, ya era teniente de infantería, alférez de navío y teniente del aire.

Según relató en sus memorias el general Alfonso Armada, uno de sus instructores: "Juan Carlos tenía buena planta, aprendía con rapidez y era educado, pero sobre todo, era obediente". Obediencia que sería clave en su trato con Franco.

La educación del joven príncipe fue un experimento político: un monarca futuro formado por un dictador presente. Como diría el propio Juan Carlos décadas más tarde: "Se puede decir que me eduqué en una España sin democracia para reinar después en una España democrática".

Don Juan de Borbón fue durante décadas el rey frustrado. Convencido de que su destino era recuperar el trono que la República le había arrebatado a su padre, se negó a colaborar directamente con Franco, a quien consideraba ilegítimo y autoritario. Su manifiesto de Lausana de 1945 es considerado uno de los documentos monárquicos más liberales del siglo XX: defendía la instauración de una monarquía parlamentaria, reconocía el sufragio universal y abogaba por la reconciliación nacional.

Franco nunca le perdonó aquel texto. Lo consideraba un traidor a la causa nacional y lo excluyó de todo proceso sucesorio. Sin embargo, percibió en el joven Juan Carlos una figura moldeable. "Él será mi sucesor", dijo Franco en 1960 ante su entorno, "pero será mi sucesor porque yo lo he hecho a mi imagen".

La relación entre padre e hijo se volvió tensa, aunque mantuvieron el decoro. En 1969, Franco lo designó oficialmente "Príncipe de España", no "de Asturias", en un gesto que esquivaba el lenguaje tradicional monárquico y reafirmaba la soberanía del dictador. Don Juan, humillado, publicó una carta pública donde expresaba su decepción, pero evitó romper el vínculo familiar. No sería hasta 1977, tras la muerte de Franco, cuando don Juan renunció oficialmente a sus derechos dinásticos. "La Corona no es una propiedad personal, sino un servicio a la nación", declaró entonces con solemnidad. Fue un acto que cerró un ciclo de renuncias y esperanzas no cumplidas.

Juan Carlos se convertiría en rey el 22 de noviembre de 1975, dos días después de la muerte de Franco, sin haber sido nunca el heredero legal de su padre, pero sí el heredero político del régimen. Esta contradicción marcaría para siempre su reinado: el hijo del rey que nunca reinó, el sucesor de un dictador que nunca quiso una democracia.

2. Franco, el maestro involuntario

A partir de su llegada a España en 1948, Juan Carlos de Borbón se convirtió, en palabras de muchos, en "el niño de Franco". Tenía apenas diez años cuando fue separado de su familia para vivir y estudiar bajo la tutela del régimen. El dictador, que aún no había designado sucesor, vio en aquel adolescente la oportunidad de moldear un futuro a medida, una figura de continuidad que pudiera legitimar su legado sin cuestionarlo.

El traslado fue acordado tras una reunión secreta entre don Juan y Franco en el yate Azor, anclado frente a San Sebastián. "Fue una cesión a cambio de nada", diría años después el conde de Barcelona. Su hijo quedaba, de facto, bajo la influencia de la dictadura.

Desde su llegada, el joven Juanito fue objeto de una cuidada estrategia pedagógica y simbólica. Se le internó en colegios controlados por el Opus Dei y la Falange, se le rodeó de tutores afines al régimen y se limitó cualquier contacto con la familia. Como señaló el periodista Pedro J. Ramírez: "Franco se propuso criar a un rey con la mentalidad de un soldado leal, no de un príncipe ilustrado".

El dictador seguía de cerca su evolución académica, militar y personal. Cuentan que en una ocasión, durante una clase de historia en el colegio de San Sebastián, el joven Juan Carlos preguntó si Franco era un dictador. El profesor lo reprendió. Años después, preguntado por aquella anécdota, el rey respondió: "Nunca me enseñaron a pensar, sino a obedecer".

Franco incluso lo llevó de visita a África en 1952, para mostrarle el poderío militar español en el Sáhara y Ceuta. Fue allí donde dijo a sus oficiales: "Este chico servirá a España, como yo he servido. Ya verán".

Durante los años cincuenta y sesenta, la figura de Juan Carlos fue creciendo en presencia pública, pero siempre bajo la sombra de la dictadura. En 1962, su boda con la princesa Sofía de Grecia, celebrada en Atenas y Madrid, fue presentada por el régimen como símbolo de continuidad dinástica y apertura internacional. La ceremonia religiosa fue católica y ortodoxa, un gesto ecuménico inusual en la España nacional-católica.

En paralelo, Franco fue retrasando deliberadamente la elección de un sucesor. No confiaba en nadie más que en sí mismo. Sin embargo, la presión internacional y el paso del tiempo lo obligaron a actuar. En 1969, finalmente, designó a Juan Carlos como su heredero "a título de Rey", mediante la Ley de Sucesión aprobada por las Cortes franquistas. La fórmula fue insólita: Franco, jefe de Estado sin corona, nombraba rey a su sucesor. Don Juan fue ignorado. "Es un salto en la línea dinástica sin precedentes", escribió entonces el jurista Torcuato Fernández-Miranda. Pero Franco no se fiaba del conde de Barcelona, a quien consideraba demasiado liberal.

Juan Carlos aceptó el nombramiento sin cuestionarlo públicamente. En su juramento ante las Cortes, declaró: "Juro fidelidad a los principios del Movimiento Nacional y lealtad a Su Excelencia el Jefe del Estado". Era 23 de julio de 1969. Con apenas 31 años, se convertía en el príncipe del franquismo.

Durante los años siguientes, Juan Carlos acompañó a Franco en actos oficiales, inauguraciones, maniobras militares. Asumió funciones de representación mientras la salud del dictador se deterioraba. La prensa del régimen comenzó a referirse a él como "el futuro jefe del Estado", aunque su autoridad seguía limitada.

Pero en privado, algunos diplomáticos y allegados notaban su incomodidad. Como confesó en una cena con el embajador británico en 1972: "No tengo voz ni voto. Solo puedo esperar y aprender".

La frase "Lo dejo todo atado y bien atado" aparece en el imaginario colectivo como el epitafio político de Francisco Franco. Aunque no está documentado que la pronunciara literalmente, resume a la perfección su intención: asegurar la supervivencia de su sistema más allá de su propia muerte.

El 20 de noviembre de 1975, Franco falleció tras semanas de agonía. España entera quedó suspendida entre el luto oficial y la incertidumbre. Dos días después, Juan Carlos fue proclamado rey ante las mismas Cortes franquistas que habían jurado lealtad al dictador.

En su primer discurso como monarca, sorprendió a todos con un tono renovador: "Hoy comienza una nueva etapa en la vida política de nuestro pueblo. Quiero ser el Rey de todos los españoles, sin excepción". Era una frase cuidadosamente calculada. En solo diecisiete palabras, desmarcaba su reinado de la exclusión franquista y se abría a una futura transición.

Muchos se preguntaban si el nuevo rey seguiría al pie de la letra el legado de Franco o si, en cambio, emprendería un camino distinto. Su discurso dejó abierta la ambigüedad. Como afirmaría más tarde su biógrafo oficial, Paul Preston: "Juan Carlos aceptó heredar el régimen, pero no su inmovilidad. Su audacia consistió en reformar desde dentro".

Ese equilibrio entre continuidad y ruptura definiría los primeros años de su reinado. Era el heredero del dictador, pero también el instrumento de la democracia. Y eso lo convertía en una figura irrepetible… y ambigua.

3. Un rey sin corona y sin padre

A pesar de su cercanía pública con el régimen de Franco, Juan Carlos vivió durante décadas una tensión íntima: la lealtad a su padre, don Juan de Borbón, y la aceptación tácita de ser su reemplazo en el camino al trono. Don Juan era, formalmente, el jefe de la Casa Real desde la abdicación de Alfonso XIII en 1941, y nunca dejó de proclamar sus derechos dinásticos. Consideraba que él —y solo él— era el legítimo heredero de la corona española. Juan Carlos, en cambio, fue formado por el régimen franquista desde los diez años, aislado de su familia y rodeado de tutores afines al Movimiento. Esa separación no fue solo geográfica: se convirtió en ideológica. Mientras don Juan defendía en sus manifiestos el restablecimiento de una monarquía constitucional, parlamentaria y liberal, Franco moldeaba a Juan Carlos como garante de su legado autoritario.

"El régimen ha capturado a mi hijo", llegó a decir con amargura don Juan en una carta privada fechada en 1955. Y no era una frase vacía: el distanciamiento entre padre e hijo se agudizó con el paso de los años, hasta convertirse en una verdadera fractura afectiva y política. Juan Carlos nunca rompió públicamente con su progenitor, pero tampoco se enfrentó a Franco. Caminó durante décadas sobre esa cuerda floja, sabiendo que solo uno de los dos hombres —el padre de sangre o el padre político— le conduciría al trono.

El momento más simbólico del conflicto llegó en 1969, cuando Franco nombró oficialmente a Juan Carlos como su sucesor, con el título de "Príncipe de España". No era "Príncipe de Asturias", como correspondía según la tradición borbónica, sino una invención jurídica diseñada por el régimen para no aludir directamente a la monarquía constitucional. El nombramiento fue recibido con indignación por don Juan, que no fue consultado. La reacción fue inmediata: publicó un comunicado en el que recordaba su condición de legítimo heredero al trono y manifestaba su intención de mantener esa posición. "Aceptar otra solución sería renunciar a los derechos históricos de la dinastía", afirmó.

La relación entre ambos quedó gravemente dañada. No fue hasta 1977, dos años después de la muerte de Franco y ya restaurada la monarquía, que don Juan aceptó oficialmente la renuncia a sus derechos. Lo hizo en Estoril, Portugal, en una ceremonia íntima y solemne. Con voz quebrada, afirmó: "Con esta renuncia, quiero contribuir a la reconciliación de los españoles y a la consolidación de la monarquía parlamentaria". Y añadió, mirando a su hijo: "Sigue tu camino, que es ya el de la historia de España".

Juan Carlos, visiblemente emocionado, besó la mano de su padre. Fue un gesto simbólico, tardío, de restauración afectiva y dinástica. Pero la herida había sido profunda. "Fue un acto necesario, pero también doloroso", diría después el nuevo monarca en conversación con su entorno. La historiadora María Teresa Álvarez lo resumió así: "Don Juan tuvo que tragarse el orgullo por el bien de la institución. Renunció a una corona que había esperado durante medio siglo. Lo hizo por su hijo, pero sobre todo, por España".

Si hubo un artífice de la figura institucional de Juan Carlos, ese fue Francisco Franco. Durante más de dos décadas, el dictador se encargó de modelar al joven Borbón no como futuro rey democrático, sino como continuador del Estado nacido del 18 de julio. Franco evitó la palabra "monarquía" en sus discursos, pero nunca dejó de planear su propia restauración. En 1947, con la Ley de Sucesión, proclamó a España como un "reino sin rey". Fue un movimiento estratégico: preservaba la apariencia de tradición sin ceder el poder.

Juan Carlos fue educado en ese limbo institucional: ni rey, ni príncipe legítimo. Una figura de transición, en formación perpetua. Según testigos cercanos, Franco veía en él "un muchacho obediente, discreto y sin veleidades liberales".

La relación entre ambos fue ambigua. A veces paternal, otras autoritaria. El dictador le trataba con severidad, pero también con una especie de afecto distante. En uno de sus raros elogios públicos, dijo: "El Príncipe tiene formación, patriotismo y amor a España". Era lo más parecido a una bendición en boca del Caudillo.

Sin embargo, Juan Carlos supo aprovechar el vacío ideológico de esa formación para cultivar su propio pensamiento político. Escuchaba, observaba, y callaba. "Era consciente de que, para llegar al poder, debía parecer lo que Franco quería ver", afirmaría años después el constitucionalista Gregorio Peces-Barba.

Así, el joven sin corona ni padre político propio se convirtió en la figura que encarnaría, paradójicamente, la transición de la dictadura a la democracia. Formado por Franco, pero no atado a él. Leal en apariencia, pero con la mirada puesta en un futuro distinto.

SEGUNDA PARTE – EL REY SALVADOR

4. 1975: coronación entre dos tiempos

El 20 de noviembre de 1975, a las 4:20 de la madrugada, fallecía Francisco Franco en el hospital de La Paz. Durante días, su agonía había ocupado todas las portadas. El régimen se tambaleaba, no por sorpresa, sino por el peso de su propia inmovilidad. Tras casi cuarenta años de dictadura, el hombre que lo había controlado todo dejaba un país expectante, dividido, temeroso y esperanzado.

El funeral de Estado fue tan sobrio como cargado de símbolos. El féretro del dictador fue colocado en el Valle de los Caídos, entre rezos, vítores y saludos fascistas. Las cámaras de Televisión Española mostraban a una España congelada en el luto oficial, con miles de ciudadanos desfilando ante su cadáver. Pero bajo esa escenografía ritual, el poder estaba cambiando de manos.

Mientras Franco era enterrado, Juan Carlos de Borbón se preparaba para asumir la jefatura del Estado. Lo haría no como presidente, ni como general, sino como Rey. Y no por herencia dinástica, sino por designación del propio dictador. Era una paradoja histórica que muchos aún no sabían cómo interpretar.

"El rey viene de la dictadura, pero no es un dictador", escribiría años después el historiador Santos Juliá. Era un enigma con corona, y esa ambigüedad se convertiría en su mayor virtud política.

El 22 de noviembre de 1975, en el Palacio de las Cortes, Juan Carlos juró su cargo ante los procuradores del franquismo. Vestía uniforme de capitán general. En su discurso de proclamación, se aferró a la retórica que se esperaba de él: "Juro lealtad a los principios del Movimiento Nacional y fidelidad a los postulados que el generalísimo Franco dejó establecidos".

El juramento fue recibido con alivio por los sectores más inmovilistas. Pero lo que vino a continuación marcó un giro inesperado. En el mismo discurso, Juan Carlos afirmó: "Hoy comienza una nueva etapa en la historia de España. Quiero ser el Rey de todos los españoles".

La frase retumbó como un relámpago en el hemiciclo. Era la primera grieta visible en la continuidad. Por primera vez en décadas, un jefe de Estado español hablaba en nombre de todos. Y no de una sola mitad.

Su mujer, la reina Sofía, vestía de luto riguroso, en señal de respeto hacia el difunto Caudillo. A su lado, los tres hijos del nuevo monarca, entre ellos un adolescente Felipe, asistían a un momento que cambiaría la historia. El trono volvía, pero lo hacía en un país radicalmente distinto al que lo había visto marchar en 1931.

El editorial de *ABC* tituló: "Un Rey joven para una España nueva". Pero el titular ocultaba la tensión real: Juan Carlos había jurado fidelidad a un sistema que, en secreto, se disponía a demoler.

El reinado de Juan Carlos I comenzaba bajo el peso de múltiples losas. La más evidente era la legitimidad heredada de Franco. Para muchos españoles, sobre todo los republicanos o demócratas convencidos, su figura era simplemente una prolongación del régimen. "Un rey impuesto no puede ser libre", escribió José María de Areilza, exministro y uno de los impulsores de la reforma.

Pero Juan Carlos supo maniobrar. En lugar de ejercer como una marioneta del franquismo residual, se rodeó de jóvenes políticos aperturistas —Adolfo Suárez, Torcuato Fernández-Miranda, Landelino Lavilla— que entendían que España solo podía sobrevivir a Franco si rompía con él. Así comenzó una transición pactada, sin ruptura pero tampoco sin renuncias.

La prensa internacional acogió la proclamación con cautela. *The Times* escribió: "El Rey empieza a gobernar con las manos atadas y el país fragmentado, pero la esperanza está en su juventud y en su ambigüedad". En Washington, Henry Kissinger advirtió que "la estabilidad de España dependerá del sentido de oportunidad del nuevo monarca".

Juan Carlos no tenía experiencia ejecutiva, ni mayoría parlamentaria, ni Constitución. Tenía, eso sí, un país expectante, una maquinaria franquista aún intacta, y una ventana histórica que no podía permitirse cerrar. Su gran logro fue convertir ese arranque lleno de contradicciones en una plataforma para el cambio.

Como afirmó el propio Rey en 1976, durante una recepción privada con intelectuales: "Yo heredé un país sin libertad. Nadie podía darla si no tenía el poder. Yo lo tenía. Y por eso decidí usarlo para devolverla".

Ese sería el principio de una transformación que asombraría al mundo. Pero en 1975, el rey aún era prisionero de un juramento, de una herencia y de un pasado que no le pertenecía. Su misión, a partir de entonces, sería conquistar el presente y abrir el futuro.

5. La Transición: entre audacia y cálculo

El 3 de julio de 1976, Juan Carlos I sorprendió a todos al nombrar presidente del Gobierno a Adolfo Suárez, un joven político con pasado falangista, pero sin peso propio dentro del régimen. Fue una jugada maestra de cálculo político. "Había que buscar a alguien del sistema que supiera desmontarlo desde dentro", diría años después Torcuato Fernández-Miranda, artífice jurídico del proceso.

Adolfo Suárez tenía carisma, ambición y cintura política. Juan Carlos vio en él al operador ideal para lo que se avecinaba: desmantelar el franquismo legal desde su propio marco institucional. La clave era una consigna que el propio Fernández-Miranda acuñó: "De la ley a la ley, pasando por la ley".

El Rey no lideró el proceso públicamente, pero fue quien lo amparó desde las alturas. En una conversación con el periodista José Luis de Vilallonga, Juan Carlos confesó: "A Suárez no lo conocía bien. Pero vi en él una energía que no encontraba en otros. Aposté por él... y ganamos todos".

Suárez, desde La Moncloa, se rodeó de reformistas y lanzó una hoja de ruta que cambiaría España: legalización de partidos políticos, amnistía, elecciones democráticas, y la redacción de una nueva Constitución. Todo, en apenas dos años. Fue una reforma pactada, sin estridencias, pero profundamente transformadora.

Durante esos años críticos, Juan Carlos se mantuvo en un segundo plano. No encabezaba las reformas, pero tampoco las bloqueaba. Fue, sobre todo, un garante de que el proceso no se desviara ni se rompiera. "El Rey no empujó, pero permitió. Y en aquellos años, eso fue muchísimo", resumió el historiador Paul Preston.

Su autoridad moral dentro del Ejército, su conexión con sectores conservadores, y su rol institucional permitieron que la Transición avanzara sin fracturas. Evitó rupturas traumáticas, prefirió los consensos discretos. Era más símbolo que actor, pero su sola presencia servía de bisagra entre el pasado y el porvenir.

En palabras del periodista Miguel Ángel Aguilar: "El Rey no hablaba mucho, pero escuchaba a todos. Su mayor virtud fue no estorbar, y eso en un país como España era revolucionario".

Muchos esperaban que el Rey interviniera con más firmeza. Pero él eligió el silencio calculado, la neutralidad pactada. Se convirtió en árbitro de un partido cuyo guion se escribía sobre la marcha. Solo hablaba cuando era imprescindible, como en su célebre mensaje de Navidad de 1976: "Quiero que los españoles decidan libremente su destino. El futuro está en sus manos, y yo estaré al servicio de todos".

La Transición no fue una revolución, sino una operación quirúrgica. En 1977 se celebraron las primeras elecciones democráticas desde la Guerra Civil. La victoria de UCD y la legalización del Partido Comunista marcaron un giro irreversible. En paralelo, se aprobó una amnistía general para delitos políticos y de sangre. Era el precio de la reconciliación.

Juan Carlos no participó directamente en la redacción de los Pactos de la Moncloa, pero fue informado en todo momento. Respaldó el acuerdo tácito: libertad sin venganza, democracia sin ajuste de cuentas. La amnistía también lo protegía a él. Cualquier revisión del pasado implicaría revisar su origen como rey designado por Franco.

Ese silencio fundacional —sobre los crímenes del franquismo, sobre la represión, sobre el exilio— se convirtió en el cimiento de la democracia. No se miraba atrás para no romper el porvenir. La Constitución de 1978, aprobada en referéndum con un amplio respaldo, fue la culminación de ese pacto: una monarquía parlamentaria, un Estado autonómico, una democracia homologable.

"El Rey fue el marco dentro del cual se pudo pintar el cuadro", escribió el constitucionalista Javier Pérez Royo. Y aunque sus críticos le reprocharon su falta de impulso o valentía, otros entendieron que su neutralidad fue la clave de su eficacia.

Así, entre audacia y cálculo, Juan Carlos I pasó de ser un heredero del franquismo a garante de la democracia. Sin romper abiertamente con el pasado, pero construyendo uno nuevo. En palabras de Victoria Prego: "Fue una metamorfosis sin sangre, una evolución sin gritos. Y el Rey, con su ambigüedad, fue el arquitecto silencioso de esa España nueva".

6. El 23-F y el mito del salvador

La tarde del 23 de febrero de 1981, España contuvo la respiración. A las 18:23, el teniente coronel Antonio Tejero irrumpió en el Congreso de los Diputados al frente de 200 guardias civiles armados, en plena votación para investir como presidente del Gobierno a Leopoldo Calvo-Sotelo. Los gritos de "¡Quieto todo el mundo!" y las ráfagas al techo marcaron el inicio del golpe de Estado más dramático de la democracia española.

En paralelo, el general Jaime Milans del Bosch sacaba los tanques a las calles de Valencia. Declaraba el estado de excepción, ocupaba los puntos neurálgicos de la ciudad y esperaba una señal desde Madrid. La situación era crítica: el Congreso secuestrado, la cadena de mando rota y la democracia en jaque.

Durante horas, la incertidumbre fue absoluta. ¿Quién controlaba el Ejército? ¿Dónde estaba el Rey? ¿Cuál sería su papel? Los partidos democráticos se refugiaron en la legalidad, pero el sistema temblaba. Santiago Carrillo, líder del Partido Comunista, se mantuvo firme: "No hemos venido a pactar con los golpistas, sino a defender la democracia".

Todo parecía indicar que se preparaba un "golpe blando" para forzar una involución autoritaria bajo apariencia institucional. El fantasma de Franco, aunque muerto, regresaba con rostro de uniforme.

A la 1:14 de la madrugada del 24 de febrero, cuando el país ya llevaba casi nueve horas de tensión, apareció en la televisión pública la imagen que lo cambiaría todo: Juan Carlos I, vestido con el uniforme de capitán general de los Ejércitos, dirigía un mensaje solemne a la nación. Su voz era firme, su tono contenido. En directo, afirmó: "La Corona, símbolo de la permanencia y unidad de la patria, no puede tolerar en forma alguna acciones o actitudes de personas que pretendan interrumpir por la fuerza el proceso democrático que la Constitución votada por el pueblo español determinó en su día por referéndum".

Ese mensaje fue decisivo. Las unidades militares reacias al golpe comenzaron a replegarse. Milans quedó aislado. Tejero, sin respaldo claro, negoció su rendición. A las 12 del mediodía, los diputados salieron ilesos del Congreso. España se despertó sin balazos, pero con una nueva narrativa nacional.

Desde ese instante, Juan Carlos I fue consagrado como "el salvador de la democracia". La prensa nacional e internacional se rindió ante él. *The New York Times* tituló: "El Rey salva la joven democracia española". En Francia, *Le Monde* habló de "una monarquía que ha encontrado su sentido histórico".

El propio Felipe González lo expresó así: "Sin el Rey, no estaríamos hablando de Constitución ni de libertad. Esa noche la democracia española tuvo un escudo".

Pero con el paso de los años, esa versión heroica empezó a ser cuestionada. ¿Fue el Rey un freno al golpe o parte de un juego de equilibrios más complejo? ¿Existía un "golpe blando" más amplio que se desbordó? ¿Sabía más de lo que dijo?

El periodista Jesús Palacios, en su investigación *23-F: el Rey y su secreto*, insinúa que el monarca pudo estar al tanto de ciertas maniobras previas. Según testimonios recogidos, el general Armada, cercano a Juan Carlos, pretendía liderar un "gobierno de concentración" aceptable para militares y partidos. Cuando el plan se radicalizó con la irrupción violenta de Tejero, el Rey lo habría abortado. Gregorio Morán fue más tajante: "Juan Carlos no salvó la democracia: salvó la institución monárquica y su propio poder".

A día de hoy, no existe prueba concluyente que demuestre una participación activa del Rey en la preparación del golpe. Pero tampoco existe total transparencia sobre su conocimiento previo. Lo indiscutible es que, aquella noche, su intervención fue eficaz y oportuna. Y que sin ella, la historia de España habría sido muy distinta.

La imagen del Rey con uniforme, defendiendo la legalidad, quedó grabada en la memoria colectiva. El 23-F no solo fue un punto de inflexión político; fue el momento en que la monarquía se ganó su sitio en la democracia. El precio fue una narrativa heroica que resistió décadas, hasta que los archivos, los testigos y los años comenzaron a levantar el velo.

7. *Los años dorados: diplomacia y fortuna*

Durante buena parte de su reinado, Juan Carlos I se proyectó como un embajador de lujo para la nueva España democrática. Encarnaba una monarquía moderna y cercana que, al mismo tiempo, abría puertas en países donde la política necesitaba interlocutores con rango simbólico. El Rey era recibido con honores en casi todo el mundo, pero también tejía lazos más allá de lo protocolario.

Entre 1975 y 2010, realizó más de 160 visitas oficiales a países extranjeros, y fue anfitrión de más de 100 jefes de Estado en España. Su habilidad personal para el trato diplomático, combinada con su carisma y fluidez en varios idiomas, lo convirtieron en una figura apreciada en muchos círculos de poder.

Sin embargo, esos años de oro también fueron escenario de lo que muchos definieron como una "economía paralela de la Zarzuela". A medida que la prensa empezó a investigar, salieron a la luz supuestas comisiones por mediar en contratos internacionales, sobre todo en sectores energéticos, infraestructuras y defensa. El periodista Ernesto Ekaizer lo sintetizó así: "El Rey no solo era el embajador de las empresas españolas; a menudo también era su socio en la sombra".

Uno de los casos más sonados fue la adjudicación del AVE a La Meca, un macrocontrato ferroviario en Arabia Saudí por valor de 6.700 millones de euros. Varios empresarios reconocieron la "valiosa intervención" del monarca, aunque en ese momento nadie se atrevía a indagar en las contraprestaciones.

Los lazos de Juan Carlos I con las monarquías del Golfo eran tan antiguos como rentables. Desde los años ochenta mantuvo una relación privilegiada con la casa real saudí, y fue amigo personal del rey Fahd y, más tarde, de Abdalá. También cultivó vínculos con las élites de Emiratos Árabes Unidos, Kuwait, Bahréin y Omán.

En 2008, según reveló *The New York Times*, el entonces Rey recibió una transferencia de 100 millones de dólares desde el Ministerio de Finanzas de Arabia Saudí a una cuenta suiza vinculada a una fundación panameña (Lucum), cuyo beneficiario final era él mismo. La operación fue confirmada más tarde por investigaciones del fiscal suizo Yves Bertossa, aunque no derivó en causas penales debido a la inviolabilidad que amparaba a Juan Carlos como jefe del Estado en ejercicio.

Estas relaciones eran opacas pero constantes. Según el periodista Mariano Sánchez Soler: "El Golfo fue para Juan Carlos lo que Suiza fue para otros: una red de protección, un canal de influencia y un reservorio de fondos".

El Rey visitaba estos países tanto en misiones oficiales como en viajes privados, a menudo sin testigos ni registros públicos. Recibía regalos, participaba en cacerías, sellaba acuerdos sin luz ni taquígrafos. Fue durante estas décadas que se consolidó la imagen de un Rey afable, accesible, pero también blindado por un entorno institucional que evitaba cualquier escándalo.

La fortuna personal de Juan Carlos fue siempre un enigma. Su asignación como jefe del Estado era modesta en comparación con otros monarcas europeos, pero sus hábitos —viajes, yates, coches, estancias privadas— revelaban un nivel de vida que no cuadraba con su sueldo. ¿Cómo se financiaba? La respuesta fue siempre la misma: "regalos de amigos".

Entre esos amigos figuraban empresarios españoles como Juan Miguel Villar Mir, Alberto Alcocer, Manuel Prado y Colón de Carvajal (administrador oficioso de su fortuna durante décadas), y grandes fortunas extranjeras. Uno de sus confidentes de mayor confianza fue Corinna Larsen, quien declaró en una entrevista con la BBC:

"El Rey me dijo que esas donaciones eran un regalo por su papel en facilitar negocios entre estados. Era habitual".

Entre los obsequios más documentados figuran relojes de altísimo valor, un yate (el "Fortuna") costeado por empresarios mallorquines, y estancias en villas de lujo pagadas por terceros. Todo esto se mantuvo oculto durante años gracias al pacto tácito entre instituciones, servicios de inteligencia y medios de comunicación. No era posible hablar del Rey.

La "ley del silencio" empezó a resquebrajarse en la década de 2010, con la presión de la prensa internacional y el clima de transparencia posterior a la crisis económica. Pero durante los años dorados, Juan Carlos I navegó con total impunidad, protegido por su papel histórico en la Transición, por su popularidad y por una Constitución que lo hacía inviolable.

A propósito, afirmó el politólogo Fernando Vallespín: "La democracia española fue adulta en casi todo, excepto en su relación con el Rey. Allí siguió siendo una adolescente temerosa".

8. Sofía, la reina invisible

Sofía de Grecia llegó a España en 1962, en plena dictadura franquista, como prometida del entonces príncipe Juan Carlos. Nacida en 1938 en el exilio —igual que su futuro esposo—, hija del rey Pablo I y la reina Federica, traía consigo el linaje de las casas reales de Grecia, Alemania y Dinamarca, pero también el peso de ser extranjera en una corte cerrada, católica y ultraespañola.

Aprendió español con rapidez, se convirtió al catolicismo (dejando atrás la ortodoxia griega) y aceptó un papel secundario desde el inicio. Como ella misma dijo:

"Yo no he venido a destacar, sino a servir". Su discreción y fidelidad institucional la convirtieron en un pilar silencioso de la monarquía. Nunca se pronunció políticamente, nunca cuestionó en público ni a su esposo ni al sistema que la rodeaba. Fue el equilibrio perfecto para una España que aún no estaba preparada para reinas autónomas.

Vestida siempre con sobriedad, entregada a causas sociales, a la infancia y la cultura, doña Sofía fue durante décadas una figura respetada. Pero también apartada: ni el poder político ni los medios de comunicación parecían especialmente interesados en destacar su labor. Era la reina invisible en un país que giraba en torno al rey carismático.

Juan Carlos y Sofía protagonizaron un matrimonio concertado según las normas de las monarquías tradicionales: conveniencia dinástica, armonía de imagen, utilidad institucional. La intimidad nunca fue parte del contrato tácito. Desde muy temprano, comenzaron los rumores de infidelidades, escapadas discretas, amistades especiales. Ella callaba. Él vivía.

"Es un matrimonio que hace vida separada desde hace décadas", declaró Pilar Eyre, periodista especializada en la Casa Real. Las habitaciones separadas, los viajes por libre, los escándalos con nombres propios —Corinna, Marta Gayá, Bárbara Rey—, no solo eran conocidos en Zarzuela, sino también tolerados bajo el principio de "lo importante es la institución".

Sofía jamás replicó en público. Cuando se le preguntó si se sentía dolida, solo respondió: "Soy una profesional". Fue vista en actos oficiales al lado del Rey incluso cuando su imagen se derrumbaba, incluso cuando los rumores de una relación formal con Corinna Larsen acaparaban titulares. Para muchos, su papel se convirtió en el de una figura trágica: esposa de un hombre que no la amaba, madre de un heredero que necesitaba una imagen inmaculada.

La reina Sofía ha soportado más de medio siglo de humillaciones con un estoicismo difícil de comprender en tiempos contemporáneos. La más visible —y simbólica— ocurrió en abril de 2018, durante la tradicional misa de Pascua en Palma de Mallorca. Las cámaras captaron a la reina emérita intentando tomarse una foto con sus nietas Leonor y Sofía, mientras la reina Letizia bloqueaba la escena con gestos tensos. El vídeo se viralizó como "el encontronazo entre reinas". Fue una escena breve, pero reveladora: la vieja monarquía quedaba desplazada, incluso en lo familiar.

Pero el verdadero daño no vino de la nuera, sino del esposo. El caso Corinna, las revelaciones sobre cuentas en Suiza, las grabaciones en las que Juan Carlos hablaba de sus amantes y sus fortunas opacas, destrozaron la imagen pública de la pareja. Mientras él desaparecía de España en 2020 rumbo a Abu Dabi, ella permanecía en Zarzuela, como símbolo de continuidad. "No se ha ido porque no tiene nada que ocultar", dijo una figura de su entorno.

Sofía es hoy, quizás, la figura más respetada de la familia real por su integridad. No por su poder, ni por su carisma mediático, sino por lo que representa: la dignidad silenciosa frente a la caída del mito. Como escribió la historiadora Carmen Enríquez:

"Doña Sofía ha sido muchas cosas, menos feliz".

9. Felipe, Letizia y el legado tóxico

Felipe de Borbón y Grecia, nacido el 30 de enero de 1968, fue cuidadosamente preparado desde la infancia para reinar. Su formación incluyó la Academia General Militar de Zaragoza, la Escuela Naval de Marín y la Academia del Aire de San Javier, y se completó con una licenciatura en Derecho y máster en Relaciones Internacionales en la Universidad de Georgetown. "Era el hijo perfecto para una monarquía que necesitaba legitimarse a largo plazo", escribió el historiador Paul Preston.

Durante décadas, el príncipe fue presentado como un modelo de rigor, prudencia y neutralidad. Nunca dio declaraciones políticas, evitó escándalos y mantuvo una vida personal controlada al milímetro. Su popularidad superaba ampliamente a la de su padre en sus últimos años como rey. Como señalaría el sociólogo José Félix Tezanos: "Felipe fue el heredero del prestigio institucional mientras su padre se convertía en símbolo de descomposición".

Sin embargo, el ascenso al trono en junio de 2014 —tras la abdicación forzada de Juan Carlos I— no fue una coronación gloriosa, sino el inicio de un reinado bajo sospecha. España vivía una crisis política, social y moral, y la imagen de la monarquía estaba profundamente erosionada por los escándalos: Nóos, Corinna, las cuentas opacas, la impunidad.

La elección de Letizia Ortiz Rocasolano como esposa y futura reina supuso una ruptura radical. Periodista, nieta de un taxista, divorciada, agnóstica y sin linaje aristocrático, Letizia representaba una modernidad que desafiaba la tradición borbónica. "No era de sangre azul, pero sí de voluntad férrea", escribió Pilar Urbano.

Desde el principio se percibió tensión con la familia real. Sofía y Letizia mantenían una relación gélida, en parte por el control que esta ejercía sobre la vida privada de sus hijas, en parte por el nuevo rol protagónico que Letizia asumió dentro de la institución. "No vino a ser florero", dijo un exasesor de Zarzuela, "vino a tener peso".

Letizia reformó el protocolo, reorganizó la agenda pública y exigió un papel activo en la imagen institucional. Su profesionalidad, su perfeccionismo e incluso su frialdad despertaron recelos en sectores más conservadores. Pero fue ella quien impulsó una monarquía más paritaria, más controlada y más transparente. Aun así, el precio fue alto: críticas constantes de la prensa rosa, rumores infundados y una imagen pública a menudo injustamente demonizada.

El reinado de Felipe VI ha sido una operación de cirugía de imagen institucional. Desde su proclamación, se marcó una distancia clara con el pasado: renunció a la herencia personal de Juan Carlos, retiró su asignación oficial y lo apartó de los actos públicos. Declaró en 2020: "Reitero mi firme compromiso con los principios éticos y morales que sustentan la actividad pública".

Se impuso un código de conducta para los miembros de la familia real, se limitaron los privilegios, se sometió la Casa del Rey a auditorías externas y se aumentó la transparencia financiera. Sin embargo, el problema no desapareció. La figura de Juan Carlos siguió gravitando como un espectro tóxico: el padre exiliado, las portadas sobre sus fortunas opacas, los titulares en la prensa internacional.

Además, Felipe VI tuvo que lidiar con el independentismo catalán, la polarización política, la desafección de los jóvenes hacia la monarquía y la fragilidad de la institución en un país cada vez más escéptico. El episodio del 1-O, su discurso del 3 de octubre de 2017 y su firme defensa de la unidad del Estado lo reubicaron como jefe del Estado firme, pero también lo alejaron de una parte de la ciudadanía.

Letizia, por otro lado, mantuvo un perfil bajo, centrado en temas sociales como la salud mental, la educación y el feminismo. Ha evitado todo gesto de frivolidad, pero también ha construido una imagen distante, a veces antipática, siempre eficaz. "Es más Merkel que Diana", escribió una columnista del *El País*.

A pesar del intento de refundación, el legado tóxico de Juan Carlos sigue pesando. Cada viaje de placer, cada filtración sobre nuevas cuentas, cada entrevista de Corinna reabre heridas que el nuevo reinado no ha conseguido cerrar del todo. La monarquía borbónica ha sido muchas veces una casa sin memoria, pero la España de hoy exige rendición de cuentas.

10. *Froilán, Victoria Federica y los nietos incómodos*

La imagen de la familia real ha enfrentado múltiples crisis, pero pocas tan persistentes como la de los nietos mayores del rey emérito Juan Carlos I: Felipe Juan Froilán de Todos los Santos y Victoria Federica de Marichalar y Borbón. Hijos de la infanta Elena y Jaime de Marichalar, representan —a ojos de muchos— la expresión más desinhibida del privilegio borbónico.

Froilán se convirtió en blanco de la prensa desde su adolescencia. "El niño rebelde de la Casa Real", lo bautizó la prensa del corazón. Agresiones verbales a periodistas, expulsiones escolares, una herida con arma de fuego en el pie a los 13 años —"jugaba con una escopeta del rey emérito", se dijo— y altercados en locales nocturnos de Madrid lo convirtieron en protagonista habitual de titulares poco honorables.

Su carácter impulsivo y su cercanía a ambientes poco institucionales contrastaban con la discreción exigida a los miembros de la familia real. En diciembre de 2022, la prensa reveló su implicación en una pelea a la salida de una discoteca, lo que motivó que la Casa Real sugiriera su traslado a Abu Dabi, junto a su abuelo Juan Carlos. Allí reside desde entonces, "para alejarlo del foco mediático", según fuentes cercanas a Zarzuela.

Victoria Federica, por su parte, ha optado por construir su identidad pública en los márgenes de la realeza tradicional. Influencer en redes sociales, habitual en eventos de moda y colaboradora de marcas de lujo, ha capitalizado su apellido sin mostrar interés por una vida institucional. A pesar de no tener función oficial dentro de la Corona, su vida privada se exhibe en revistas como *¡Hola!* y *Vanity Fair*, donde aparece como "la royal española con más proyección internacional". Su entorno incluye toreros, aristócratas, futbolistas y empresarios, y sus declaraciones públicas son mínimas. Como ella misma explicó: "Sé que mi apellido tiene peso, pero quiero que se me valore por lo que hago".

Ambos nietos crecieron en una España distinta a la de sus abuelos. Ni dictadura, ni Transición: nacieron en democracia consolidada, entre móviles, paparazis y redes sociales. Nunca han ocultado su relación con el lujo, ni su vida social intensa. Lo que en otra época quedaba entre bambalinas, hoy se proyecta en tiempo real por Instagram.

El contraste con sus primas Leonor y Sofía es absoluto. Mientras las hijas de Felipe VI se educan bajo control institucional estricto, Froilán y Victoria representan el lado "informal" de la familia real. Y también, para muchos, una fuente constante de descrédito.

La monarquía española ha entrado de lleno en la era digital, pero no por voluntad estratégica. El relato ya no se controla desde Zarzuela, sino desde los móviles. La Casa Real ha tratado de profesionalizar su presencia en redes —sobre todo en Twitter y YouTube—, pero carece del magnetismo espontáneo que tienen otros royals europeos como los de los Países Bajos o Reino Unido.

Mientras tanto, la generación joven de los Borbones proyecta su vida privada sin filtros ni asesoría institucional. Victoria Federica acumula decenas de miles de seguidores en Instagram, aparece en *El Hormiguero,* desfila en *Madrid Fashion Week* y declara que "no le interesan los títulos". Froilán, aunque más reservado digitalmente, protagoniza memes, comentarios en foros y una narrativa pública incontrolable.

Para algunos, esta exposición muestra que la realeza también es humana. Para otros, revela la contradicción entre el discurso de servicio y la práctica del privilegio. La pregunta es si el futuro de la monarquía puede sobrevivir a esta tensión entre ejemplaridad y banalidad. El periodista Ernesto Ekaizer lo resume sin rodeos: "La institución se juega mucho más con una pelea de Froilán en una discoteca que con un discurso en el Congreso".

11. *Corinna y los secretos del rey*

En 2012, durante una entrevista informal, el entonces rey Juan Carlos I definió a Corinna Larsen como "una amiga entrañable". Pero la alemana de origen danés, con conexiones en la alta sociedad europea y experiencia en gestión de patrimonio, se convertiría con el tiempo en una figura clave en la caída pública del monarca.

Corinna y Juan Carlos se conocieron en una cacería en Alemania en 2004. Su relación fue más que sentimental: juntos tejieron una red de contactos, negocios y confidencias que durante años permanecieron fuera del radar mediático. La propia Corinna confesó más tarde: "Me utilizó como testaferro, pero también como confidente. Tenía miedo de que la Reina lo descubriera".

Su presencia en el famoso safari a Botsuana en 2012 —viaje que acabó con la fractura de cadera del Rey y su célebre disculpa pública ("Lo siento mucho. Me he equivocado y no volveré a ocurrir")— marcó el inicio del fin. Aquel episodio mostró por primera vez a la opinión pública el estilo de vida opaco y lujoso del jefe del Estado, en plena crisis económica.

Corinna fue acusada de recibir contratos, comisiones y fondos gestionados desde estructuras financieras complejas. En una entrevista con *BBC*, declaró: "Me dio 65 millones de euros como regalo. Dijo que era por amor y gratitud". El dinero provenía de una transferencia desde Arabia Saudí, canalizada a través de fundaciones y cuentas suizas. Los tribunales suizos investigaron la operación, y aunque se cerró sin condena, el daño a la reputación fue irreversible.

Dos nombres se volvieron recurrentes en los informes judiciales: la Fundación Lucum y la Fundación Zagatka. La primera, registrada en Panamá pero con cuentas en Suiza, recibió en 2008 la citada donación de 100 millones de dólares del Ministerio de Finanzas saudí. El beneficiario era Juan Carlos I. La segunda, vinculada a su primo Álvaro de Orleans-Borbón, sirvió para canalizar vuelos privados, gastos de representación y otras operaciones sospechosas.

Según documentos publicados por *El Confidencial* y *The Telegraph*, el rey emérito habría usado Zagatka para pagar más de 8 millones de euros en vuelos y servicios de lujo, incluso después de su abdicación. El juez Manuel García-Castellón, en un informe al Supremo, señaló que: "Se aprecia un patrón de opacidad estructural sostenido en el tiempo".

El impacto político fue devastador. En 2020, Felipe VI renunció a toda herencia personal de su padre y le retiró la asignación oficial. La Casa Real emitió un comunicado histórico que marcó distancias con el monarca emérito, todavía vivo, pero ya desterrado simbólicamente. Poco después, Juan Carlos abandonó España rumbo a Abu Dabi, alegando que su presencia generaba "inestabilidad".

Entre 2016 y 2018 salieron a la luz grabaciones realizadas en Londres por el excomisario José Manuel Villarejo. En ellas, Corinna hablaba con crudeza de los negocios del rey: "Juan Carlos tiene cuentas en Suiza, testaferros y estructuras para ocultar patrimonio. Lo sabe todo el CNI".

Estas grabaciones, aún sin validez judicial plena, han sido el centro de múltiples investigaciones periodísticas y judiciales.

En 2022, Corinna Larsen presentó una demanda civil en el Reino Unido contra Juan Carlos I por presunto acoso y amenazas. Alegó que fue espiada, vigilada y coaccionada durante años por los servicios secretos españoles. Aunque el Tribunal Superior de Londres desestimó parte del caso alegando inmunidad del demandado, la imagen del exrey continuó deteriorándose.

El propio Juan Carlos, en una carta enviada a Felipe VI, escribió: "Aunque seguiré retirado de la vida pública, estoy siempre a disposición de la Casa de Su Majestad". Palabras que, lejos de calmar el debate, fueron interpretadas como un intento de justificar su exilio sin asumir responsabilidades.

Corinna, por su parte, ha declarado: "Fui utilizada como escudo, y luego arrojada a los lobos". Hoy vive entre Londres y Mónaco, convertida en figura mediática, con pódcast propio y una narrativa de víctima de Estado.

La historia de Juan Carlos y Corinna no es solo una relación privada: es el reflejo de un sistema sin control, de un poder sin transparencia y de una institución que durante décadas vivió blindada por pactos de silencio. El mito del rey campechano terminó en una madeja de fundaciones opacas, amantes, vuelos privados y millones sin rastro fiscal.

12. *Hacienda no somos todos*

A comienzos del siglo XXI, Juan Carlos I era todavía un icono institucional, protegido por un manto de respeto casi reverencial. Pero tras su abdicación en 2014, las investigaciones comenzaron a aflorar, y con ellas, las cifras que durante décadas habían permanecido ocultas. El mito del monarca austero y campechano se resquebrajó con la contundencia de los documentos bancarios.

En diciembre de 2020, el rey emérito presentó una regularización fiscal voluntaria de 678.393 euros. Se trataba de pagos no declarados relativos a vuelos privados financiados por la Fundación Zagatka, vinculada a su primo Álvaro de Orleans-Borbón. Apenas dos meses después, en febrero de 2021, presentó una segunda regularización: esta vez por un importe de 4.395.901 euros, también a la Agencia Tributaria.

Ambas operaciones fueron notificadas por sus abogados a la prensa como un gesto de buena voluntad. Sin embargo, como señalaron diversos fiscales y expertos tributarios, las regularizaciones se produjeron cuando ya se encontraba bajo investigación, lo que dejaba en entredicho la "voluntariedad" de los pagos.

En palabras del propio Juan Carlos, recogidas por *El Mundo*, justificó así su decisión:

"He pagado porque me convenía". Una frase que no solo fue una declaración de intenciones, sino el epitafio simbólico del antiguo "rey de todos los españoles", transformado en contribuyente privilegiado.

Uno de los episodios clave en el escándalo económico del emérito fue la investigación abierta por la Fiscalía de Ginebra, liderada por el fiscal Yves Bertossa. El caso giraba en torno a una transferencia de 100 millones de dólares realizada en 2008 desde el Ministerio de Finanzas de Arabia Saudí a la Fundación Lucum, de la que Juan Carlos I figuraba como beneficiario.

Según documentos bancarios, esa suma fue transferida a una cuenta en el banco Mirabaud a nombre de Lucum, y posteriormente parte de ella —65 millones de euros— fue entregada a Corinna Larsen, "por gratitud", según ella declaró. El banco suizo cerró la cuenta en 2012, alegando riesgos reputacionales.

En marzo de 2021, la fiscalía suiza archivó el caso al no poder probar una vinculación directa entre la donación saudí y la adjudicación del AVE a La Meca —uno de los principales contratos internacionales de empresas españolas—. No obstante, el informe dejó claro que existía una red de fundaciones, cuentas offshore y sociedades pantalla con un único objetivo: *disfrazar el origen y destino del dinero.*

Como concluyó *Le Monde* en su cobertura del caso: "Lo que se ha desvelado en Suiza no es solo un escándalo fiscal: es el retrato financiero de una monarquía paralela, sin control ni rendición de cuentas".

La frase completa del rey emérito, recogida por periodistas cercanos a Zarzuela, fue dicha en un entorno privado y resume toda una concepción del poder: "Yo no soy un delincuente. He pagado porque me convenía, no porque me lo exigiera la ley".

El uso de la regularización como estrategia legal, permitida por la legislación española si no hay un procedimiento abierto, evitó al rey emérito el banquillo. Pero no evitó el juicio de la opinión pública.

En junio de 2023, la Fiscalía del Tribunal Supremo decidió archivar las diligencias abiertas por presuntos delitos fiscales y blanqueo, aduciendo que los hechos habían prescrito, se produjeron mientras tenía inviolabilidad como jefe del Estado o habían sido regularizados. No hubo condena. No hubo acusación formal. Pero sí hubo una huella imborrable en la historia democrática reciente.

Como escribió la periodista Ana Romero en su libro *El Rey ante el espejo*:

"Juan Carlos I no será juzgado por un tribunal, pero ya ha sido condenado por el relato de su tiempo". Su caso evidenció los límites del Estado de derecho cuando se trata de las altas instituciones. El viejo lema publicitario de la Agencia Tributaria, "Hacienda somos todos", quedó desmentido de forma brutal y simbólica. Al menos, para quien había sido rey de España durante casi cuatro décadas.

13. La caza en Botsuana: el disparo final

La madrugada del 14 de abril de 2012, una noticia inesperada recorrió las redacciones españolas: el rey Juan Carlos I había sido operado de urgencia en Madrid tras sufrir una fractura de cadera. La intervención, sin embargo, reveló algo más que una caída accidental: el monarca se encontraba de cacería en Botsuana, acompañado por una comitiva de lujo, cazando elefantes en plena sabana africana y durante la crisis que había dejado sin trabajo a muchos españoles.

En un país en plena crisis económica, con seis millones de parados, miles de familias desahuciadas y una monarquía ya tocada por el escándalo de Iñaki Urdangarin, la imagen fue devastadora. Peor aún: no fue difundida por la Casa Real, sino filtrada por la prensa internacional. En ella se veía al rey posando orgulloso con escopeta en mano frente al cadáver de un elefante abatido.

La indignación fue inmediata. El periódico británico *The Guardian* tituló: "Spanish king hunts elephants while his people suffer". El escándalo cruzó fronteras, y por primera vez en décadas, la institución quedó moralmente desnuda ante la ciudadanía. Publicó el diario *El País* en su editorial del 18 de abril de 2012:

"La opacidad, el privilegio y el lujo son incompatibles con la legitimidad de una institución democrática".

La visita del rey a Botsuana no solo fue costosa —más de 60.000 euros, según estimaciones no desmentidas—, sino que también incluía la presencia de Corinna Larsen, a la que la prensa ya empezaba a identificar como "amiga íntima" del monarca. No se trataba, por tanto, de un simple viaje privado, sino de un símbolo de una vida paralela y opaca sostenida con recursos y favores difícilmente justificables.

El golpe fue profundo. Según el CIS, la valoración pública del rey cayó del 5,4 en 2011 al 3,6 en 2013. Por primera vez desde la Transición, comenzaron a escucharse en voz alta preguntas que antes eran tabú: ¿era Juan Carlos I una figura intocable? ¿Tenía sentido su inviolabilidad? ¿Era sostenible una monarquía hereditaria en pleno siglo XXI?

Los medios, hasta entonces prudentes con la figura del rey, comenzaron a hablar sin eufemismos. *La Sexta*, *ElDiario.es* o *Interviú* abrieron investigaciones. Incluso *TVE*, la televisión pública, dedicó espacios críticos a la Casa Real, señal de que algo se había roto.

Como resumió el periodista Jesús Cintora: "Botsuana no fue un accidente. Fue una fotografía brutal de una España que ya no aceptaba el silencio como moneda".

El 18 de abril de 2012, a la salida del hospital, el rey Juan Carlos pronunció una frase breve, insólita y casi inaudita en la historia de la monarquía española: "Lo siento mucho. Me he equivocado. No volverá a ocurrir".

Fue un momento inédito. Nunca antes un monarca había pedido disculpas en público por un acto privado. Las palabras, grabadas por las cámaras en un pasillo del hospital USP San José, mostraban a un Juan Carlos derrotado, caminando con muletas, acompañado por sus médicos. La frase buscaba contener la tormenta, pero llegó tarde.

La disculpa, sin embargo, no logró restituir su imagen. A ojos de muchos, el rey había cruzado un umbral moral del que no podría regresar. El mito del "rey campechano" quedó herido de muerte. La fractura con la opinión pública se hizo irreversible. Dos años más tarde, en junio de 2014, el propio Juan Carlos anunciaría su abdicación, cediendo el trono a su hijo Felipe VI.

Con el paso del tiempo, incluso voces conservadoras reconocieron que aquel viaje marcó el principio del fin. Como declaró el periodista José Antonio Zarzalejos:

"La caída de Juan Carlos comenzó el día que pisó la sabana africana. Allí no solo tropezó su cadera: tropezó su reinado".

14. Prensa y silencio: medio siglo de pacto

Durante décadas, los medios de comunicación en España mantuvieron un pacto tácito de protección hacia la figura del rey Juan Carlos I. No fue solo prudencia ni deferencia institucional: fue, en muchos casos, autocensura. La Transición necesitaba símbolos, y la figura del monarca encarnaba la estabilidad, la democracia y la reconciliación nacional. Tal como reconoció años después Victoria Prego, una de las cronistas más reconocidas del periodo: "Se sabía, pero no se decía. El Rey era intocable. No solo por ley, sino por consenso mediático".

Desde *ABC* hasta *El País*, desde *TVE* hasta las agencias de noticias, el relato era uniforme: el monarca como salvador, como figura modélica, como pieza central de la arquitectura democrática. Se evitaban temas personales, se editaban imágenes comprometedoras y jamás se mencionaban posibles irregularidades económicas o sentimentales.

Todo empezó a resquebrajarse en la segunda década del siglo XXI. La irrupción de nuevos medios digitales, el empuje de una generación de periodistas sin el vínculo emocional con la Transición y el hartazgo ciudadano frente a los privilegios de la élite real provocaron una transformación.

Ana Pastor, Ignacio Escolar, Gonzo, Jordi Évole, entre otros, comenzaron a abordar abiertamente lo que antes estaba vedado. Plataformas como *La Sexta, eldiario.es* o *El Confidencial* publicaron investigaciones, informes financieros y entrevistas que abordaban, por fin, las sombras del monarca. Como escribió Escolar en 2020: "La libertad de prensa en España dio un paso adelante el día que dejamos de tratar al Rey como un mito y empezamos a tratarlo como a cualquier cargo público: con derecho a la crítica".

El escándalo de Corinna Larsen, las fundaciones en paraísos fiscales, las regularizaciones con Hacienda, el exilio en Abu Dabi… todo fue cubierto con una intensidad desconocida hasta entonces. Las portadas dejaron de ser reverenciales. La crítica se abrió paso incluso en publicaciones tradicionalmente monárquicas.

Durante años, figuras como Juan Luis Cebrián —fundador de *El País* y miembro del influyente Grupo Prisa— simbolizaron el blindaje mediático de la monarquía. Cebrián llegó a admitir en una entrevista: "No era el momento de desestabilizar. Callar era una forma de proteger el proceso democrático".

Pero los tiempos cambiaron. La ciudadanía exigía transparencia, y la imagen del monarca no resistía ya la prueba del escrutinio público. La serie *Salvar al Rey* (HBO Max, 2022), los reportajes de *Equipo de investigación*, los especiales de *Informe Semanal* en clave crítica, y la literatura de investigación (como *El Rey al desnudo* de Ana Pardo de Vera y *La soledad del Rey* de José García Abad) reescribieron la narrativa.

Lo que antes era silencio se convirtió en memoria, y lo que era consenso pasó a ser debate. Escribió la periodista Rebeca Quintans: "España no necesitaba un mito. Necesitaba la verdad". Y esa verdad, aunque incómoda, se fue abriendo paso en las redacciones, en los platós y en las bibliotecas. El tiempo de la reverencia dio paso al tiempo del relato plural, donde Juan Carlos I ya no era el héroe incuestionable, sino una figura histórica con luces, sombras y responsabilidades.

TERCERA PARTE – LA ABDICACIÓN Y EL EXILIO

15. *2014: abdicar para salvar la institución*

Tras el escándalo de Botsuana, las regularizaciones fiscales y la creciente presión mediática, el rey Juan Carlos I vio cómo su popularidad se desplomaba. Entre 2011 y 2014, el CIS dejó de publicar datos sobre la valoración del monarca, un silencio estadístico que confirmaba lo evidente: la Corona había perdido el favor de gran parte de la ciudadanía. Las encuestas privadas eran elocuentes. Un estudio de *Metroscopia* para *El País* señalaba en 2014 que solo el 41 % de los españoles aprobaba la actuación del Rey, frente a un 76 % en 1995. Y aún más: casi un 62 % de los encuestados pedía su abdicación.

La monarquía estaba herida, y la imagen del Rey-emérito se había convertido en un lastre. Como escribiría en aquellos días Iñaki Gabilondo: "La abdicación no fue una decisión libre, sino el movimiento obligado de quien entendió que su permanencia amenazaba la supervivencia de la institución".

El 2 de junio de 2014, Juan Carlos I compareció en televisión para anunciar su decisión: "He decidido poner fin a mi reinado y abdicar la Corona de España. Una nueva generación reclama con justa causa el papel protagonista".

El mensaje, grabado en el Palacio de la Zarzuela, buscaba transmitir serenidad, continuidad y visión de futuro. Pero en los pasillos del poder se sabía que era una salida pactada. El entonces presidente del Gobierno, Mariano Rajoy, había sido informado semanas antes. La Casa Real trabajaba desde meses atrás en el operativo de transición, y Felipe VI ya tenía perfil institucional forjado desde hacía años.

La ley orgánica de abdicación fue tramitada con rapidez inusitada. En apenas quince días, Juan Carlos dejaba de ser Rey y su hijo asumía la jefatura del Estado en un acto sobrio, sin corona, sin misa y con aplausos contenidos. Era un traspaso más institucional que afectivo.

La ceremonia del 19 de junio de 2014, celebrada en el Congreso de los Diputados, fue el símbolo de una nueva etapa. Analizaría con acierto el historiador Santos Juliá: "La abdicación de Juan Carlos fue una operación quirúrgica para salvar el cuerpo enfermo de la monarquía".

La renuncia del rey no disolvió los cuestionamientos a la institución. Los escándalos no cesaron, y la figura de Juan Carlos siguió ensombreciendo a la Corona. La sociedad española, profundamente plural, mantenía un debate abierto entre republicanismo latente y monarquismo constitucional. Sin embargo, el ascenso de Felipe VI trajo consigo un intento de regeneración: transparencia en las cuentas de la Casa Real, alejamiento público del padre, y un discurso firme ante las crisis territoriales y sanitarias. El nuevo rey, serio y distante, se erigió en contrapunto de su predecesor. Afirmó Felipe VI en su primer discurso navideño: "La ejemplaridad es un requisito de toda autoridad".

Mientras tanto, Juan Carlos se retiraba de la escena pública. Se le vio poco. Se le oyó aún menos. Pero su sombra persistía. Y su figura, antaño incuestionable, se había convertido en símbolo de una monarquía vulnerable, sostenida más por la inercia institucional que por el entusiasmo popular. El rey que fue símbolo de la democracia se convirtió, al final de su reinado, en el catalizador de su propia decadencia. Abdicar fue su último acto de servicio... o su última estrategia de supervivencia.

16. Abu Dabi: exilio dorado, retorno amargo

El 3 de agosto de 2020, el rey Juan Carlos I abandonaba España discretamente. Lo hacía en un jet privado desde el aeropuerto de Vigo, rumbo primero a Abu Dabi, la capital de los Emiratos Árabes Unidos. Durante varios días, su paradero fue objeto de especulación. El hermetismo fue absoluto. El Gobierno calló, Zarzuela no confirmaba ni desmentía, y los medios —como en los viejos tiempos— filtraban a cuenta gotas.

Finalmente, el 17 de agosto, la Casa del Rey reconoció el destino: Juan Carlos I residía en Abu Dabi, acogido como huésped oficial de la familia real emiratí. Lo que no se decía, pero todos sabían, era que el Rey Emérito huía del escándalo.

La presión judicial, mediática y social se había hecho insoportable. Estaba siendo investigado por la Fiscalía del Tribunal Supremo por posibles delitos relacionados con comisiones internacionales, fraude fiscal y blanqueo de capitales. Aunque gozaba de inviolabilidad por los actos cometidos durante su reinado, los hechos posteriores a 2014 podían ser juzgados. Como escribió el periodista Ernesto Ekaizer:

"Juan Carlos no se fue, lo invitaron a irse. Fue un destierro negociado para proteger la institución".

En la carta enviada a su hijo Felipe VI, Juan Carlos justificó su decisión de salir de España como una forma de "contribuir a facilitar el ejercicio de tus funciones". No hablaba de exilio, ni de huida. Lo llamaba una retirada voluntaria por el bien de la monarquía. Pero en realidad, era una operación de contención reputacional.

A lo largo de 2021 y 2022, intentó limpiar su situación legal. Realizó dos regularizaciones fiscales voluntarias ante la Agencia Tributaria, por un total de más de 5 millones de euros, relacionadas con vuelos privados sufragados por fundaciones extranjeras y otras dádivas opacas. Fue entonces cuando pronunció una de sus frases más comentadas: "He pagado porque me convenía".

En marzo de 2022, la Fiscalía del Supremo archivó las investigaciones, alegando falta de tipificación penal suficiente y amparo constitucional por su inviolabilidad como jefe de Estado. Pero el daño ya estaba hecho. El rey Felipe VI había renunciado a su herencia, cortado vínculos financieros con su padre y endurecido el control de las finanzas de la Casa Real.

Juan Carlos I no ocultó su deseo de regresar a España. En varias ocasiones —de manera informal o a través de emisarios— tanteó la posibilidad de volver, al menos temporalmente. Pero el ambiente político no era favorable. Ni el Gobierno de Pedro Sánchez ni la propia Zarzuela querían su regreso definitivo. Se le concedió, eso sí, una visita breve en mayo de 2022, que acabó siendo un pequeño desastre comunicativo: llegada con aplausos en Sanxenxo, imágenes incómodas, declaraciones desafiantes a la prensa y silencio absoluto sobre su paradero posterior. Ante la prensa, dijo escuetamente: "Explicaciones, ¿de qué?".

A su regreso a Abu Dabi, la Casa Real emitió un comunicado subrayando que no estaba previsto que residiera nuevamente en España y que su visita se había producido en el marco de una decisión personal. Desde entonces, el Rey Emérito ha vivido en el limbo: ni condenado ni rehabilitado. Un exilio cómodo, sin procesos judiciales abiertos, pero con el rechazo tácito de su país. Abu Dabi se convirtió en su palacio invisible, y su imagen, otrora símbolo del consenso, en una figura incómoda para la democracia española. Señaló el historiador Juan Pablo Fusi: "La monarquía resistió. Pero el hombre que la encarnó quedó irremediablemente roto".

17. ¿Héroe nacional o actor calculador?

Sería injusto negar el papel que Juan Carlos I desempeñó en momentos clave de la historia reciente de España. Su reinado fue, durante años, sinónimo de estabilidad institucional. La Transición democrática, con todos sus claroscuros, no puede entenderse sin su presencia. El historiador Santos Juliá lo resumió así: "La figura de Juan Carlos fue un bálsamo entre el pasado autoritario y el futuro democrático".

Su decisión de nombrar a Adolfo Suárez como presidente, su apoyo a la Ley para la Reforma Política y, por supuesto, su intervención durante el golpe de Estado del 23-F, cimentaron su imagen como el rey demócrata. Incluso sus críticos admiten que supo mantener un equilibrio entre poderes, fomentar una monarquía parlamentaria moderna y representar a España en el exterior con notable eficacia durante décadas.

Bajo su mandato, España ingresó en la Comunidad Económica Europea (1986), consolidó su lugar en la OTAN, y multiplicó sus relaciones diplomáticas con América Latina, el mundo árabe y los Estados Unidos.

Sin embargo, esos méritos contrastan con los datos que han ido saliendo a la luz tras su abdicación. Las revelaciones sobre fondos en paraísos fiscales, fundaciones pantalla como Lucum y Zagatka, comisiones por contratos internacionales, y regalos millonarios de casas reales árabes han empañado su figura.

La regularización fiscal de más de cinco millones de euros realizada entre 2020 y 2021 solo confirmó lo que durante décadas se había ocultado. El periodista Mariano Sánchez Soler, en su obra *Los Borbones y sus secretos*, fue contundente: "No se trató solo de opacidad, sino de una estructura organizada para proteger el privilegio".

También se le ha reprochado su habilidad para el control del relato público. Durante más de 30 años, la prensa evitó cualquier información que pudiera dañar su imagen. El blindaje institucional y mediático construyó un mito, y lo protegió hasta que las evidencias fueron insostenibles. Reconoció Iñaki Gabilondo: "No sabíamos menos, simplemente decidíamos no contarlo".

¿Héroe o villano? ¿Arquitecto de la democracia o símbolo de una élite impune? La figura de Juan Carlos I, como la de tantos personajes históricos, escapa a los extremos. Fue sin duda un rey útil para una etapa clave, pero también una figura que encarnó muchas de las contradicciones de la España contemporánea: la mezcla de modernidad y clientelismo, de apertura y secretismo, de democracia y privilegio.

Muchos lo verán siempre como el hombre que salvó la democracia, otros como quien puso en peligro su credibilidad. Como escribió el historiador Paul Preston:

"Juan Carlos I fue a la vez parte de la solución y parte del problema". Y quizá ese sea el verdadero retrato de su legado: el de un rey que ayudó a construir una democracia, pero que no supo o no quiso vivir conforme a sus exigencias. Su historia es también la historia de un país que cambió demasiado deprisa para algunos.

18. Felipe VI: *entre la corona y el pasado*

Felipe VI accedió al trono el 19 de junio de 2014, tras la abdicación de su padre en medio del escándalo. El relevo se realizó en un acto sobrio, sin fastos ni coronación religiosa, en el Congreso de los Diputados. Desde el primer día, su principal desafío no fue solo reinar, sino restaurar la credibilidad de la monarquía. En su primer discurso como rey, lanzó un mensaje inequívoco: "Una monarquía renovada para un tiempo nuevo". El tono era más institucional que familiar. Y la promesa implícita: cortar con las prácticas del pasado.

Su primera medida simbólica fue renunciar a la herencia personal de su padre y suspenderle la asignación económica procedente de los presupuestos del Estado. También se impulsó la publicación de las cuentas de la Casa Real y se limitaron sus actividades económicas. En 2022, incluso se divulgó el patrimonio personal del monarca —2,57 millones de euros—, algo inédito en la historia borbónica.

Como dijo la periodista Ana Romero, autora de *El Rey ante el espejo*: "Felipe VI ha entendido que la transparencia no es una opción, sino la única vía de supervivencia".

Pese a los gestos, las sombras de Juan Carlos I continúan proyectándose sobre su hijo. La figura del Emérito sigue polarizando a la opinión pública, y cada visita suya a España provoca un dilema institucional. La monarquía ha perdido parte de su aura, y los intentos de blindarla jurídicamente —como la reforma de la inviolabilidad— generan más controversia que consenso.

Además, el actual monarca ha debido navegar entre presiones políticas, crisis territoriales y una ciudadanía más exigente. Su intervención tras el referéndum ilegal en Cataluña en 2017 lo situó como defensor del orden constitucional, pero también lo alejó de parte de la sociedad catalana. "No son tiempos para silencios ni para ambigüedades", dijo entonces, en uno de sus discursos más firmes.

Aun así, Felipe VI ha evitado pronunciarse sobre los asuntos más espinosos de su padre. Prefiere dejar que los gestos hablen por él. Pero el silencio, en política, también tiene un precio.

Con la mayoría de edad de la princesa Leonor y su reciente juramento de la Constitución en 2023, la Casa Real ha apostado por mostrar una imagen de continuidad institucional y renovación generacional. La heredera ha sido formada en valores castrenses y constitucionales, pero su futuro dependerá, en gran medida, de la evolución de la imagen de su padre y de la aceptación ciudadana de la monarquía.

Felipe VI representa una monarquía en tránsito: entre la memoria de un pasado incómodo y el intento de construir una legitimidad nueva en una democracia madura. Señaló el politólogo Fernando Vallespín: "El Rey ha dejado de ser el padre de la patria para convertirse en un alto funcionario constitucional con un apellido incómodo".

El futuro no está escrito. Pero lo que está claro es que Felipe VI, a diferencia de su padre, ha entendido que la monarquía solo sobrevive si se somete al escrutinio y al ejemplo.

19. República, monarquía o tercera vía

La caída del prestigio de Juan Carlos I reabrió un debate que durante décadas permaneció silenciado: ¿monarquía o república? Aunque la Constitución de 1978 consagró la forma parlamentaria heredada, los cimientos del consenso han comenzado a resquebrajarse.

Según una encuesta realizada por *40dB* para *eldiario.es* y *CTXT* en 2020, el 47,8 % de los españoles preferiría una república, frente al 34,9 % que opta por la monarquía. Pero más significativo aún es el dato generacional: entre los menores de 45 años, la opción republicana supera holgadamente el 60 %. El politólogo Pablo Simón ha señalado: "La monarquía en España no es una tradición arraigada, sino un arreglo político del siglo XX. Su legitimidad depende de su utilidad".

El problema, sin embargo, no se resuelve con una encuesta. Cualquier modificación del modelo de Estado requeriría una reforma constitucional agravada, que exige amplias mayorías parlamentarias, disolución de las Cortes, referéndum y nueva ratificación. Un camino institucional complejo y políticamente improbable en el contexto actual.

Más allá del dilema monarquía/república, el debate toca una cuestión más profunda: el sentido de la jefatura del Estado en el siglo XXI. ¿Debe ser hereditaria? ¿Debe tener funciones simbólicas, representativas o más activas? ¿Cómo se fiscaliza al jefe del Estado? Algunos autores proponen una tercera vía, basada sobre una figura presidencial electa con funciones acotadas, similar a los modelos alemán o italiano. Otros, en cambio, insisten en que la monarquía, aun reformada, ofrece estabilidad en tiempos líquidos.

El debate está contaminado por la historia reciente. El descrédito del Emérito y la sensación de impunidad que rodeó sus actos han provocado un replanteamiento ético e institucional. Como escribió José Antonio Zarzalejos: "El problema no es la institución, sino el tipo de rey que la encarna. Y España ha tenido un monarca que no estuvo a la altura".

El modelo de Estado es, pues, una cuestión abierta, más política que sentimental, más de futuro que de pasado.

La trayectoria de Juan Carlos I —de salvador a sospechoso— condensa muchas de las contradicciones del régimen del 78. Representó la estabilidad en tiempos inciertos, pero también el precio del silencio, de la opacidad y del privilegio sin control.

Su figura simboliza una época que hizo posible la democracia, pero que no supo democratizar todas las instituciones. La veda que durante décadas impidió hablar del rey ya no existe, y eso, por sí solo, habla de un país distinto. Más maduro, más crítico y más libre. Advirtió el escritor Javier Cercas: "La Transición nos dio una democracia, pero no nos enseñó del todo a exigirla".

El futuro de la Corona no se decide solo en los palacios, sino en las calles, en las aulas, en los medios y en el Parlamento. La figura del rey ya no es incuestionable. Y esa, quizá, sea la verdadera señal de que España ha llegado a la mayoría de edad.

EPÍLOGO

Un hombre, una época, un juicio pendiente

Durante décadas, Juan Carlos I fue intocable. La narrativa oficial lo consagró como el arquitecto silencioso de la democracia, el hombre que frenó el golpe del 23-F y que tejió con discreción los pactos de la Transición. Pero esa imagen comenzó a resquebrajarse en 2012, cuando una caída en Botsuana lo devolvió de golpe a tierra. Desde entonces, el blindaje mediático y político que lo protegió se ha visto sustituido por una demanda social de rendición de cuentas.

La transparencia llegó tarde. Y cuando lo hizo, encontró ya una monarquía herida, una ciudadanía escéptica y un país más plural, más libre y menos dispuesto a tolerar privilegios sin control. Como escribió Iñaki Gabilondo: "A Juan Carlos lo protegimos tanto que lo perdimos".

La historia no se escribe solo con documentos: también se talla con símbolos. Juan Carlos I pasará a los libros de historia como el rey que facilitó la democracia y también como el monarca que se enriqueció en la sombra mientras pedía sacrificios a sus súbditos. Ese doble perfil es el que complica su juicio definitivo.

Desde el punto de vista judicial, gran parte de sus actuaciones quedaron a salvo por la inviolabilidad constitucional o la prescripción de los delitos. Pero la justicia moral y social no conoce plazos ni blindajes. La pregunta de fondo persiste: ¿qué responsabilidad tiene un jefe del Estado frente a su pueblo? Afrima el historiador Paul Preston: "Juan Carlos fue clave en la modernización de España. Pero también en la desafección hacia sus instituciones".

La reputación, una vez rota, no se restaura con comunicados ni con regresos breves a Sanxenxo. Requiere un ejercicio profundo de verdad, memoria y, quizás, humildad.

¿Puede morir el mito sin derrumbar la corona? España asiste al ocaso de un mito que durante años fue pilar de su legitimidad institucional. La caída de Juan Carlos no ha arrastrado —aún— a la monarquía, pero la ha dejado sin la épica que la justificaba. Felipe VI intenta sostener la institución con una lógica distinta: la de la ejemplaridad, la sobriedad, la transparencia. Pero su trono está edificado sobre la memoria de un padre que simboliza otra época.

¿Puede sobrevivir la monarquía sin mitos? ¿Puede haber una corona sin carisma, sostenida únicamente por la utilidad institucional y el respeto constitucional? Esa es la pregunta que deja abierta el caso Juan Carlos. No se trata solo de su caída personal, sino de la posibilidad misma de una jefatura del Estado hereditaria en una sociedad democrática avanzada. Su juicio no ha terminado. Se sigue escribiendo en las calles, en las urnas, en los medios y en las conciencias.

Juan Carlos I fue un hombre de su tiempo. Pero el tiempo ha cambiado. Y con él, la mirada de un país que ya no quiere héroes, sino servidores públicos. Que ya no se conforma con la ley, sino que exige también verdad.

APÉNDICES

Cronología de la vida y el reinado de Juan Carlos I

1938

- 5 de enero: Nace Juan Carlos de Borbón y Borbón en Roma, Italia, en el exilio de la familia real española.
- Hijo de Juan de Borbón, conde de Barcelona, y de María de las Mercedes de Borbón-Dos Sicilias.

1948

- Llega a España por voluntad de Francisco Franco para iniciar su formación bajo supervisión directa del régimen.

1954–1959

- Recibe educación militar en las academias del Ejército, la Armada y el Aire.
- Comienza estudios universitarios en Derecho, Economía y Política.

1962

- 14 de mayo: Se casa en Atenas con la princesa Sofía de Grecia.
- La pareja tendrá tres hijos: Elena (1963), Cristina (1965) y Felipe (1968).

1969

- 22 de julio: Franco lo designa oficialmente como su sucesor a título de Rey mediante la Ley de Sucesión.
- Jura los Principios del Movimiento Nacional ante las Cortes.

1975

- 20 de noviembre: Muerte de Franco.
- 22 de noviembre: Es proclamado Rey de España ante las Cortes.

1976–1978

- Impulsa junto a Adolfo Suárez la transición democrática.
- 1978: Se aprueba la Constitución española, que establece una monarquía parlamentaria.

1981

- 23 de febrero: Durante el intento de golpe de Estado de Tejero, Milans y Armada, Juan Carlos I interviene por televisión para defender el orden constitucional.
- Es ampliamente aclamado como "el salvador de la democracia".

1990–2000

- Consolidación de su imagen internacional como jefe de Estado respetado.
- Participa en cumbres diplomáticas, misiones de paz y foros económicos.

2004

- Atentados del 11-M en Madrid. El Rey tiene un papel institucional activo, expresando el dolor del país.

2012

- Abril: Accidente en Botsuana mientras cazaba elefantes en compañía de Corinna Larsen.
- El hecho desata una crisis de imagen sin precedentes. Pronuncia su famosa frase:

"Lo siento mucho. Me he equivocado. No volverá a ocurrir".

2014

- 2 de junio: Anuncia su abdicación en favor de su hijo Felipe.

- 19 de junio: Felipe VI es proclamado Rey de España. Juan Carlos pasa a ser Rey emérito.

2020

- 3 de agosto: Anuncia su decisión de abandonar España en medio de investigaciones judiciales y presiones públicas.

- Se instala en Abu Dabi, Emiratos Árabes Unidos.

2021–2022

- Regulariza pagos pendientes con Hacienda por valor de más de 5 millones de euros.

- La Fiscalía archiva las diligencias por prescripción e inviolabilidad.

- Visita esporádicamente España, pero mantiene su residencia en el extranjero.

2023–2025

- Diversas encuestas señalan el desgaste de la institución monárquica.

- El debate sobre su figura sigue abierto en la esfera pública, mediática y académica.

Bibliografía y fuentes documentales

Ansón, Luis María. *Don Juan*. Barcelona: Planeta, 1994.

Bardavío, Joaquín. *Don Juan Carlos: El Rey*. Barcelona: Plaza & Janés, 1992.

Bardavío, Joaquín. *La familia real y la familia irreal*. Madrid: Foca, 2006.

Cebrián, Juan Luis. *Primera página: Vida de un periodista (de Franco a Podemos)*. Barcelona: Debate, 2016.

Cercas, Javier. *Anatomía de un instante*. Barcelona: Mondadori, 2009.

Delgado, Jesús. *La soledad del rey: Historia de un hombre, historia de un reino*. Barcelona: Ediciones B, 2008.

Gabilondo, Iñaki. *El fin de una época*. Madrid: Aguilar, 2011.

García Abad, José. *La soledad del rey*. Madrid: La Esfera de los Libros, 2004.

Martín Blas, Manuel. *Juan Carlos I. El crepúsculo del rey*. Madrid: Akal, 2016.

Martorell, Antonio. *El negocio de la libertad: las cuentas del rey*. Barcelona: Ediciones B, 2022.

Miralles, Pilar Eyre. *La soledad de la reina*. Barcelona: La Esfera de los Libros, 2012.

Preston, Paul. *Juan Carlos: El rey de un pueblo*. Barcelona: Debate, 2003.

Preston, Paul. *Un pueblo traicionado: España de 1874 a nuestros días: Corrupción, incompetencia política y división social*. Barcelona: Debate, 2019.

Reyero, Carlos. *Iconografía borbónica: Imagen y poder en la España de los siglos XVIII y XIX.* Madrid: Cátedra, 2008.

Rubio, Rosario. *La corte de Juan Carlos I.* Barcelona: Plaza & Janés, 1995.

Urbano, Joaquín. *Juan Carlos I: el rey que pudo ser.* Madrid: Península, 2021.

Villarejo, José Manuel. *La España corrupta.* Madrid: Ediciones Península, 2020.

Zarzalejos, José Antonio. *Felipe VI: Un rey en la adversidad.* Barcelona: Planeta, 2021.

GRACIAS POR COMPRAR ESTE LIBRO. DESCUBRE MÁS EN NUESTRA WEB: